DIÁLOGOS
BOOKS

Divan of the Opal of Fire

(or the Legend of Layla and Majnun)

Divan of the Opal of Fire
(or the Legend of Layla and Majnun)
by Clara Janés
Translated by Ana Valverde Osan
Translation copyright © 2014 by Ana Osan and Diálogos.
Original copyright by Clara Janés.

Printed in the U.S.A.
First Printing
10 9 8 7 6 5 4 3 2   15 16 17 18 19 20

Book design: Bill Lavender.
Back cover photo of Clara Janés: Elena Cardona
Cover art: "The fainting of Laylah and Majnun," anon., 16th c.
(assumed), Library of Congress (Public Domain), (detail).

Library of Congress Control Number: 2015939848
Janés, Clara
Divan of the Opal of Fire (or the Legend of Layla and Majnun)/ Clara Janés;
with Ana Valverde Osan (translator)
p. cm.
Includes Introduction by Ana Valverde Osan
ISBN: 978-1-935084-86-0 (pbk.)

DIÁLOGOS
AN IMPRINT OF LAVENDER INK
DIALOGOSBOOKS.COM

Introduction

The roots of the modern long poem extend back to the epic, the cradle of the myths of Western culture, a tradition that has facilitated the consolidation of the voice of the patriarchal law it helped establish. Among the basic characteristics that usually define the epic—a long narrative poem, the presence of a hero, fabulous adventures, a learned language—there is one that points to the fact that the epic flourishes when a nation takes stock of its historical, cultural, and religious heritage. Myths arise when a culture experiences a deep cultural crisis. This heightened awareness is at the base of the rediscovery that takes place in the mid- to late-twentieth century of the modern long poem and of the revision that Spanish women poets make of it.

Clara Janés contributes with two books to this large group of poems written by women: *En busca de Cordelia y Poemas rumanos (In Search of Cordelia and Romanian Poems)*, from 1975, and subsequently, *Diván del ópalo de fuego (o la leyenda de Layla y Machnún) (Divan of the Opal of Fire [Or the Legend of Layla and Majnun])*, from 1996. While the first study is an affirmation of the search for identity at a time of personal crisis, the second, which is also related to the search for identity, has to do, mainly, with the revision and the rewriting of myths, one of the most important characteristics of these long poems.

In *Divan of the Opal of Fire (Or the Legend of Layla and Majnun)*, Janés approaches this ancient myth from a new perspective. She tries to recuperate the story of a pair of lovers who are an Islamic counterpart of Shakespeare's *Romeo and Juliet* (1597). The legend of Layla and Majnun first appears around the seventh century, and Nizami Ganjavi (1141-1209), the greatest romantic epic poet of Persian literature rewrites it towards the end of the twelfth century, five centuries later. It might be inadequate to say she recuperates the story; she effectively tries to create a new account of it. Not only does she find inspiration in the Islamic legend, but she also gives us a new look of a version wrought with the poetry of other poets—such as that of Garcilaso, San Juan de la Cruz, and Juan Ramón Jiménez.

Nizami's book, which was dedicated in 1192, is based on the popular Arabic legend of a pair of star-crossed lovers. It tells the story of the poet Qays who falls in love with his cousin Layla when they are very young, but when they grow up her father does not allow them to be together. As a result, Qays goes mad, he is called Majnun—which means crazy or possessed in Arabic—and he abandons family and friends only to flee to the desert to compose poetry for Layla. She, on the other hand, is married to Ibn Salam, deciding after his death to go into the desert to look for Majnun; unfortunately, she discovers that he no longer needs her. Layla dies of heartbreak, and Majnun shortly expires upon visiting her tomb.

In order to read and better understand Nizami's book, it is imperative to read Mattin and Hill's English translation[1] done from the Persian into German by Dr. Rudolph Gelpke in 1953. In the introduction, Gelpke mentions the difficulties that arise when trying to translate the concise, poetic language of Nizami, who wrote for the very highly educated readers of the court. He adds that, even for those who would attempt to read the book in its original language, they would find it hard to do it without the help of extensive commentaries. While he is well aware that, in spite of all his efforts, his prose version remains inferior to the original, his only justification is that it is based on a careful study of every word of Nizami's poems.

---

[1] Nizami. *The Story of Layla and Majnun.* Translated from the Persian and Edited by Dr. Rudolf Gelpke. English version in collaboration with E. Mattin and G. Hill. New Lebanon: Omega Publications, 1997. Print.

Even though Janés rewrites the story of Layla and Majnun, she follows the narrative very closely, retaining the different episodes and the same toponyms. However, from Nizami's version, which is made up of approximately 3,600 verses, in *Divan of the Opal of Fire*, she manages, with great economy, to retell the story in 885 verses. When comparing both stories the modern reader will probably be struck by Nizami's extensive description of the battles undertaken by Nawal, Majnun's friend, in order to rescue Layla from her father's house.

This story exhibits many of the characteristics and strategies that define the modern long poem: a narrative line, a division into cantos, and an open ending. It is also important to note the presence of a polyphony of voices whose most important objective is that of narrating the story from a perspective that inscribes the female voice. The story is presented to us by the voice of the poet in the first two poems, "Note" and "Excuse and Reason Given for this Book," and also, at the very end in canto XII, in the poems "The Poet Puts the Final Note on What is Written" and "Coda." Structurally, this constitutes a setting of rich metal which frames the story of the two lovers, that jewel which is "the opal of fire." It is obvious that the story of the two lovers, narrated by Layla and Majnun, appears recounted within the poet's introduction and conclusion.

Once the story begins, the poems appear divided into twelve cantos of uneven extension, headed by a roman numeral (compared to Nizami's fifty-three). The titles of these cantos are short, but convey the chronology of events or descriptions. Titles such as Canto I "Childhood," or Canto V "Life in the Desert" provide more accurate and elaborate titles of the poems suggesting what the verses contain. These titles further clarify who is talking in a particular poem and what relationship it holds with those around it.

There comes a time when Layla and Majnun may be separated physically, but they will always be together thanks to poetry, and the poet will maintain an ongoing exchange of ideas between them. They continue a constant dialogue in which one of them responds to the thoughts of the other in small groups of poems that appear very close to each other. Only the poet, who appears as an omniscient narrator, is able to separate them. When he decides to conclude this long poem, he appears as a being who is an extension of the poetry and the spirit of Majnun. In the final canto—XII—"The End of the Word," after letting us know that Majnun has passed away, the speaker admits that the beasts that have kept him company are essentially the words that help him—the poet—to weave a shroud which serves as a shelter to narrate the story. Importantly, within the story, the poet has been excluded hermetically in the voice of a masculine lyrical "I"; however, as the story comes to an end, he does something that is transcendental: the poet removes the veil and is revealed to be a woman who has shared with us the point of view of a female speaker. In the penultimate poem, "The Poet Puts the Final Note on What Is Written," it is obvious that the voice of the poet is that of a woman. From one simple verse to the next, he goes from being the "poet" to a "pilgrim of love" (*peregrina* in Spanish identifies her as a woman pilgrim).

Divan of the Opal of Fire (Or the Legend of Layla and Majnun) is, indeed, a part of the large corpus of long poems that were written towards the end of the twentieth century in Spain by women poets whose mission was the rewriting of old legends. With the last two poems of this book, we come to the conclusion that the changes that have taken place have not only dealt with content but with form as well. The most surprising aspect has been the change of voice from male to female at the end of the story.

—Ana Valverde Osan

Diván del ópalo de fuego

(o la leyenda de Layla y Machnún)

de

Clara Janés

Divan of the Opal of Fire

(or the Legend of Layla and Majnun)

by

Clara Janés

Translated by

Ana Valverde Osan

Indice

Contents

Unas palabras previas

A few preliminary words

Nota

Columbré el ópalo de fuego
en el crepúsculo.
Tal nube luminosa, rebasando
la discreta veladura,
de irisaciones llenaba el lugar:
destellos eran de una historia
que el nombre de la noche cortejaba
y en la leyenda mudó
la boca del poema.

Note

I first saw the opal of fire
at dusk.
Like a luminous cloud that goes beyond
the discreet veil,
it filled the place with iridescence:
sparkles of a story
wooed by the name of the night
and changed into legend
by the mouth of the poem.

Excusa y razón que del libro se da

No vives en tu vida
ni en los tiempos que corren,
¿dónde vives?, preguntan.
En el amor, respondo,
convertidas mis venas en arroyos espejos
que dan cauce a esta leyenda
de dos jóvenes
que, tras largo trayecto,
hallaron cada uno, en sí, al otro
y en este punto quedaron suspensos,
que no mora el amado
sino en el interior de los sueños.

The Excuse and Reason Given for This
  Book

You do not live in your life,
nor in the days that flee.
Where do you live? they ask.
Inside love, I answer,
my veins turned into mirrored rivers
that give birth to this legend
about two young people
who, after a long way,
found, within themselves, the other
and at this point remained mystified,
for the beloved dwells
only in the interior of dreams.

I

La infancia

I
Childhood

Poema que se coloca en primer lugar
porque lanzó a su empeño a quien
escribió estos versos

Rasga un vencejo la inmovilidad,

se inflama el firmamento como un ópalo

y mis manos se llenan para ti de dragonarias.

Te llamo Kays

y afirmo que en la infancia,

como yo a ti, me amaste,

antes de que una nube arrojara sobre tu ceño

    sombra.

Corro hacia aquel instante

y alcanzo el manantial de la alegría.

Poem Placed First Because It Moved
She Who Wrote These Verses to
Begin

A swift rips the quiet,

the firmament is set ablaze like an opal,

and for you my hands are filled with snapdragons.

I call you Kays

and declare that during childhood,

you loved me, as I loved you,

before a cloud cast a shadow over your brow.

I run toward that instant

and I reach the source of happiness.

El poeta invoca a la transparencia

Quítate el velo,
oh alba amada,
y deja ver
en toda plenitud las rosas
y despierta el rocío
en mis dormidos miembros.
La boca del amor
es una copa
presta a absorber la transparencia
y a escanciarla.

The Poet Invokes Transparency

Remove your veil
oh, beloved dawn,
and allow the roses
to be seen in all their fullness
and awaken the dew
in my sleepy limbs.
The mouth of love
is a glass
ready to absorb translucence
and pour it.

De cómo Machnún proclama su amor

¡Amo a Layla,
la niña más hermosa
de esta tribu!
Cada vez que habla
sus palabras son alegres
como las coloridas telas del Yemen;
cada vez que sonríe
me ciegan perlas de Adén;
sus cejas son el arco de mi anhelo;
sus ojos están llenos de monedas:
el tesoro escondido
de mis sueños.

On How Majnun Proclaims His Love

I love Layla,
the most beautiful girl
of the tribe!
Every time she speaks
her words are joyful
like the colorful fabrics of Yemen;
every time she smiles
Aden's pearls blind me;
her brows are the arc of my desire;
her eyes are full of coins:
the hidden treasure
of my dreams.

Donde se relata un episodio sucedido
en la escuela

Entraron en el seno del arbusto
y las hojas,
merced a un rayo de sol que las cruzaba,
como espejuelos,
les hacían signos.
Atrapados sonreían en silencio.
Después, la brisa les prestó voz vegetal
y mirándose a los ojos
empezaron a decir palabras sin sentido.
No oyeron el aviso que indicaba
el final de la hora de juego.

*

Machnún rozó con el índice el brazo de Layla
y para sí se dijo:
Su mano apoyada en las ramas
es un pájaro blanco
al que nadie asusta.

Where An Episode That Happened At School Is Narrated

They went into the nub of the shrub
and the leaves,
thanks to a ray of sun that pierced them,
like small mirrors,
made them signs.
Trapped, they smiled silently.
Later, the breeze lent them a vegetal voice
and looking into each other's eyes
they began to mutter senseless words.
They did not hear the warning that indicated
the end of recess.

*

Majnun brushed his finger along Layla's arm
and he said to himself:
Her hand leaning on the branches
is a white bird
which nothing frightens.

Poema al modo de los que Machnún
escribía fingiendo errores para que
Layla se los corrigiera

Recuerda, papel, que esta historia recoges
en tu horizonte puro,
que fuiste tú su primer testigo;
recuerda los dibujos
de sus pequeñas manos sobre ti;
recuerda que en el sutil sendero
de la línea
acogiste los lazos de sus letras
que se unían en las ondas amantes
de la caligrafía.

Poem Like the Ones That Majnun
   Would Write Faking Errors So That
   Layla Would Correct Them

Paper, remember this story which you keep
in your pure horizon,
that you were its first witness;
remember the drawings
of her small hands over you;
remember that on the line's
subtle path
you welcomed the loops of her letters
that would converge in the loving waves
of calligraphy.

II

La rosaleda

II

The rose garden

Retrato del héroe

Desnudo entra Machnún
en el jardín de rosas
y en su alma se adentra,
de brasa alimentada,
donde sólo de Layla
el rostro es paraíso.
Su cuerpo es la palabra amor
y amor es su nudez y cobertura
de loco, encadenado, y libre y cuerdo.

Portrait of the Hero

Naked, Majnun goes into
the rose garden
and he penetrates its soul,
fed by embers,
where only Layla's
face is paradise.
His body is the word for love
and love is his nakedness and the cover
of a madman, chained, and free and sane.

Poema del reencuentro

Se cruzaron sus ojos
y ambos cayeron desplomados.
Enmudeció la voz del ruiseñor
que unía sus alientos
y se estremeció el bosque.
La selva insaciable se llevó a Machnún
y en el rostro de Layla
vanos fueron el agua
y el perfume:
un árido horizonte borró
el diurno esplendor de las rosas
y ocupó su memoria

Poem about the Reunion

Their gazes crossed
and both collapsed.
The nightingale's song which
united their breaths fell silent
and the forest shuddered.
The insatiable wilderness took Majnun away
and on Layla's face
water and perfume
were useless:
an arid horizon erased
the roses' daytime splendor
and took over her memory.

De cómo Layla dejó aquel jardín

Y recogió las esparcidas flores
y recogióse tras la celosía.
Cuando asomó la luna,
bálsamo de las sombras,
exhaló estas palabras:
"Noche soy,
las raíces del dolor
están ancladas en el aire que respiro,
¡oh, amiga que brillas,
huésped del azabache!
También yo
me albergo en la oscuridad
y en ella vivo;
sólo los enigmas de los cuatro elementos
que la rosa encierra
pueden abrir una brecha de luz
en mi negrura".

On How Layla Left That Garden

And she picked up the scattered flowers
and she hid behind the lattice.
When the moon appeared,
a balm for shadows,
she exhaled these words:
"I am night,
the roots of pain
are anchored in the air I breathe,
oh, friend who shines,
guest of jet blackness!
I, too,
take refuge in the darkness
and live in it;
only the enigmas of the four elements
held by the rose
can open a breach of light
in my darkness."

Machnún contempla los elementos
propios de la celebración del año
nuevo, al recobrarse, apartado de
Layla

Piérdanse las monedas en la hierba,
el vinagre, el zumaque,
los frutos del acebuche;
disípense el jacinto y las manzanas,
y que un impío viento
extinga la luz de las velas
y apague los espejos;
que no germine el trigo,
ni los ojos crezcan,
ni peces naden en el agua clara.
Ella es los siete *sin* del *nowruz**,
sin sus ojos,
huérfana, la tierra
desconoce el renacer de los campos,
el irrumpir de las flores en su seno,
su alentar eviterno.

Sin es uno de los siete ingredientes que están
presentes en la mesa durante la fiesta del *Nowruz*, el
primer día de primavera o equinoccio y el principio
del año en el calendario persa.

Upon Recuperating, Apart from Layla,
Majnun Contemplates the Elements
Characteristic of the New Year
Celebration

May the coins get lost in the grass,

the vinegar, the wine,

the fruits of the wild olive tree;

may the hyacinth and the apples vanish,

and may an impious wind

extinguish the light from the candles

and darken the mirrors;

may the wheat not germinate,

nor the eyes grow,

nor the fish swim in clear water.

She is the seven sin of the *Nowruz**;

without her eyes,

the earth, orphaned,

does not know the rebirth of the fields,

the intrusion of flowers in her breast,

her eternal breath.

*Sin is one of seven ingredients of the major
traditional table setting of Nowruz, a celebation that
marks the first day of spring or Equinox and the
beginning of the year in the Persian calendar.

III

El loco

III

The madman

Reconoce el poeta la dificultad de su cometido

¡Oh escanciador, sírveme vino
para cantar la cualidad abominable,
que acaba con la fama:
la falta de pudor,
el desconocimiento de la dignidad,
el abandono a la deshonra,
la entrega total al amor,
hasta la locura,
hasta perderse
por las tierras desérticas de Nadj
sin salida!

The Poet Is Aware of the Difficulty of His Enterprise

Oh, cupbearer, serve me wine
in order to sing the abominable quality
that obliterates fame:
the lack of decency,
the ignorance of dignity,
the abandonment to dishonor,
the total surrender to love,
to madness,
all the way to getting lost
through the desert lands of Nadj
with no way out!

Lo que dijo Machnún tras pasar la noche en vela junto a la casa de la amada

Beso la tierra que tu pie ha pisado,
tus huellas
que sólo yo detecto, dulce Layla.
Y mientras gritan: "Mirad el loco",
grito yo y, como lanza,
cruza mi voz la aurora
hasta los sueños tuyos,
que el eco de las sombras
no adormeció mi pecho
y en vano aceché
los sedosos labios de la oscuridad.

What Majnun Said After He Was Up All Night Close To The House Of His Beloved

I kiss the earth that your foot has tread,
your footprints
which only I detect, sweet Layla.
And while they scream, "Look at that madman,"
I, too, scream, and, like a spear,
my voice goes across dawn
all the way to your dreams,
for the echo of shadows
did not put my chest to sleep
and in vain did I lie in wait for
the silky lips of darkness.

Plegaria

¡Ve, alma peregrina,
a la ciudad santa del amor,
toca la piedra ardiente
y que acoja la interior bodega
el reflejo del destello sin fin
y en el ignoto mar
toda materia se diluya
para que sólo aquel punto de
locura permanezca!

Prayer

Go forth, wandering soul,
to the holy city of love,
touch the burning stone
and may the inner storeroom welcome
the reflection of the endless sparkle
and in the unknown sea
may all matter dissolve,
so that only that point of
madness may remain!

Las compañeras intentan animar a
Layla cuando su padre prohibe sus
amores

Contempla la danza, Layla, amiga,
escucha el latido del tambor,
el dulce gemido de la flauta
y espera el instante del incienso
que en sus ondas velará tus pesares.
Y cuando tus manos colmen los jazmines,
recuerda el amor y olvida el recuerdo,
que un río a tus pies
se abrirá en azogues que oculten
el jardín de los secretos.

Her Lady Companions Try to Comfort Layla When Her Father Forbids Her Love

Layla, dear friend, observe the dance,
listen to the beating of the drum,
the sweet moan of the flute
and wait for the moment of incense
which in its waves will watch over your sorrows.
And when your hands lavish attention on the
 jasmines,
remember love and forget memories,
for a river at your feet
will open up in mercury that hides
the garden of secrets.

De cuando Machnún partió al desierto

Arde de amor Machnún
y el desierto se quiebra en manantiales.
Las aves hacen nido en sus cabellos
y las bestias le siguen y custodian
su templo, carne viva,
su corazón, que es ópalo de fuego.

About the Time When Majnun Left for the Desert

Majnun burns in love
and the desert erupts in springs.
The birds make their nests in his hair
and the beasts follow him and watch over
his temple, live flesh,
his heart, which is an opal of fire.

IV

La separación

IV

The parting

Donde el poeta defiende la victoria del
amor sobre las circunstancias

Ya se oye la campana de los desplazamientos;
la alegría hace equilibrios
en el hilo del vacío,
segura de su don inagotable.
Cuanto el espacio intenta separar
derrota, derrotando el tiempo
con su sola luz, armonía o música
que destella
en el punto del encuentro,
que no cesa.

Where the Poet Defends Love's Victory over Circumstances

The bell of displacements may be heard;
happiness balances
on the ledge of vacuum,
sure of its inexhaustible gift.
Space defeats whatever it tries to separate,
defeating time
with its only light, harmony, or music
which shines
at the meeting point,
which does not cease.

Voz del enamorado en la oscuridad

Si ignoro la vergüenza, rasgo mi ropa
y al martirio aspiro,
no me reprendas, censor.
Un rizo suyo
para mi arrobo basta:
alcanzaré la fama
de místico y de indigno,
mas en mi corazón
harán nido sus ojos.

The Voice of the Beloved in the Dark

If I ignore shame, I tear my clothes
and aim for martyrdom;
do not chastise me, censor.
One of her curls
is sufficient for my ecstasy:
I will achieve the fame
of a mystic and unworthy person,
but in my heart
her eyes will nest.

If I ignore shame, I tear my clothes

Machnún habla con la montaña que
   piensa compañera pues le responde
   con el eco

La montaña y el eco dialogan
con mis penas,
¡oh compañía fiel!
¡Juntemos nuestros labios
sobre la dura roca!,
que en el aire acechan
puntas de dolor
y dura es la hora
que el desierto marca
y duro alejarse de Najd,
cuando las lavandas
perfuman el viento
y se oyen los rebaños
paciendo en los valles.

Majnun Talks to the Mountain Which
He Believes to be a Friend, for She
Answers Back with an Echo

The mountain and the echo talk
with my sorrows,
oh, loyal company!
Let our lips meet
over the hard rock!
For in the air they are on the lookout
for bits of sorrow
and harsh is the hour
which the desert marks
and hard is it getting away from Najd,
when the lavenders
scent the wind
and the herds may be heard
grazing in the valleys.

Aquí proclama su estado frente a las
recriminaciones que algunos le hacen

Desnudo,
que hasta capa de aire
rechaza mi dolor;
huido del mundo,
que solo las bestias
consuelan mi dolor;
en grito,
que abre la voz
paisajes que albergan mi dolor;
en llamas,
que ardiente me desea mi amada
y arder desea mi dolor.

Here He Proclaims His Condition in Response to the Accusations That Some Make Against Him

Naked,

for even a layer of air

rejects my sorrow;

fleeing from the world,

for only the beasts

comfort my sorrow;

howling,

for the voice opens up

landscapes that harbor my sorrow;

on fire,

for my beloved wants me aflame

and my sorrow wants to burn.

V
Vida en el desierto

V

Life in the desert

De cómo Machnún soltó de los
lazos a unas gacelas que serían sus
compañeras

Cuando el halcón erguido

en la cima del monte

vigila la rueda de la fortuna,

libera Machnún a unas gacelas

de la trampa del cazador.

Los vientos se hacen eco de su llanto,

de las palabras que a una de ellas

le susurra al oído: Eres grácil

y tienes los ojos de mi amada,

consuélame de la sombra de Layla

con el dorado sol de tu pelaje.

On How Majnun Unleashed Some
Gazelles That Would Be His
Companions

When the upright falcon
on top of the mountain
keeps watch on the wheel of fortune,
Majnun frees some gazelles
from the hunter's trap.
The winds echo his pain,
the words he whispers to one of them
in the ear: You are delicate
and your eyes look like my beloved's;
comfort me about Layla's shadow
with the golden sun of your coat.

Layla confía su sentir a una vela, una mariposa nocturna y una nube

A la vela que cabecea
pregunto por el color
que los lutos del humo desvanecen.
Consumiéndose en lágrimas de cera
se aviva todavía y emula
el corazón de Machnún.

A la falena que se le acerca
pregunto por su impulso invencible.
Desplegando las alas a ella se entrega
y dibuja en el espacio
mi propio corazón.

A la nube que absorbe nuestros suspiros
suplico que se aparte de la lluvia
y en fuego transmudada reúna nuestras llamas
en una hoguera única,
un astro inagotable,
cifra de nuestro amor.

Layla Confides Her Feelings to a Candle, a Butterfly, and a Cloud

I ask the candle that flickers
about the color which
the grief of smoke fades.
Consumed in tears of wax,
it still lights up and emulates
Majnun's heart.

I ask the butterfly which comes close to it
for its invincible impulse.
Spreading her wings, she gives herself to it
and she draws in space
my own heart.

I beg the cloud that absorbs our whispers
to get away from the rain,
so that transmuted into fire it might gather our
   flames
into a single bonfire,
an inexhaustible star,
the cipher of our love.

Yo soy, Machnún, la voz de Layla,

del clamor envoltura,

de quien es transparencia,

figura de figura

que se ve con tus ojos.

I am, Majnun, Layla's voice,
the wrapping of clamor,
its translucence,
the figure of a figure
which can be seen with your eyes.

De las cosas que decía el enamorado
al oir el nombre de Layla, versos que
luego se extendían por los cuatro
confines de la tierra

Un pájaro me huyó del corazón
al escuchar su nombre
y mi cuerpo entero huyó
hasta las ramas últimas.
Montañas de Na'mân,
que acogéis nuestras tribus,
dejad que traiga el viento
los ecos de sus voces.
En el árbol más alto
moraré
por otear sus sombras,
para olvidar mi sombra.

About the Things the Beloved Would Say upon Hearing Layla's Name, Verses That Would Later Reach the Four Corners of the Earth

A bird fled from my heart
upon hearing her name
and my entire body fled
to the uppermost branches.
Mountains of Na'mân,
that welcome our tribes,
let the wind bring
the echoes of their voices.
In the highest tree
I will dwell
to look over their shadows,
to forget my shadow.

De Machnún a un visitante que acudió
a escucharle

Baja ya del camello,
no temas los leones:
el fuego los ahuyenta
y el silencio
que se extiende por las dunas
es camino que conduce
de tu centro al infinito,
inasequible a las fieras
y a la sombra de las nubes.
Por una nube
no inclines la cabeza,
deja que pueble tu mirada
la levedad del aire
y verás los cien pétalos
de la rosa de amor,
los mil rostros
de la transparencia.

From Majnun to a Visitor Who Came
to Listen to Him

Get down from the camel;
don't be afraid of the lions:
the fire scares them away
and the silence
which extends over the dunes
is a path that leads
from your center to infinity,
unattainable by the beasts
and by the shadow of clouds.
Do not bend your head
for a cloud,
let your gaze inhabit
the lightness of air
and you will see the rose of love's
one hundred petals,
the thousand faces
of transparency.

Lo que Layla se dijo a sí misma
presintiendo futuros acontecimientos

Cuando llegue al abismo
la caída será muelle
y de plumas sostenida.
El vuelo de un ave
me cerrará los ojos
para abrirlos
a la blancura indeleble del milagro;
mi cuerpo se extenderá
y convertido en aire
será ya para siempre
invisible alimento de sus labios.

What Layla Said to Herself Sensing Future Events

When I get to the abyss,
the fall will be soft
and broken by feathers.
The flight of a bird
will close my eyes
in order to open them
to the miracle's unforgettable whiteness;
my body will extend itself
and, transformed into air,
it will forever be
invisible sustenance for his lips.

Soledad de la noche

Los vientos fustigan el desértico monte.
Sobre mi cuerpo en vela,
desde la helada cúpula,
se desploma el ansia.
Sumirme deseo en la noche aquella
que es blanca y es santa.
Estalla una roca.
Mi carne se quiebra en amorosa herida
sin que la alcance bálsamo
ni secreto perfume acuda en su alivio
como ámbar en fuga, de la rosaleda.

Solitude of Night

The winds whip the barren hills.
Over my sleepless body,
from the frozen cupola,
anxiety collapses.
I wish to sink into that night
which is white and holy.
A rock explodes.
My flesh cracks into a loving wound
without any balm reaching it
nor secret perfume coming to relieve it
like amber that flees, from the rose garden.

Vuelve el enarmorado los ojos a
la verdadera naturaleza de su
sentimiento, su sed que no sacia el
manantial

Buscad el agua
detrás de las montañas,
más allá de las tiendas,
más allá de los fuegos del campamento;
más allá de las arenas y el palmeral;
más acá del límite del gesto,
donde los pies desnudos del alma
se pierden hacia el centro inalcanzable.
Buscad el agua
en la fuente inagotable de la imagen
que en ese pozo escondido brota
abrazando toda forma.

The Beloved Turns His Eyes Towards
the True Nature of His Feelings, His
Thirst Not Quenched by the Spring

Look for the water
behind the mountains,
beyond the tents,
beyond the campfires,
beyond the sands and the palm trees,
closer to the gesture's limit,
where the soul's naked feet
get lost towards the unattainable center.
Look for the water
in the image's inexhaustible fountain
which springs in that hidden well
embracing all forms.

VI

Machnún se entrega a la poesía

VI

Majnun surrenders to poetry

Alaba el poeta la amistad del que
se adentró en el desierto y puso al
servicio de Machnún hombres y
bienes para combatir en pos de Layla

—84—

Brindo por Nawfal,
que los muros salvajes que el loco
ha levantado entre él y el mundo rompe
y rompe sus ariscos modos:
lo alimenta, lo peina,
lo viste de oro y seda
y a la lucha lo lleva por su amada.
"Aunque pájaro fuera,
aunque fuera una chispa en pedernal oculta,
por ti hallaría a Layla", dice.
¡Mas oh cruel destino:
aquel encandenado corazón
derrota considera tal victoria!

The Poet Praises the Friendship Of He
Who Went Deep into the Desert and
Put at Majnun's Disposal Men and
Goods To Fight for Layla

Here's to Nawfal,
who breaks the wild walls which the madman
has raised between himself and the world
and breaks his unfriendly ways:
he feeds him, he combs his hair,
he dresses him in gold and silk,
and he takes him to fight for his beloved.
"Even if she were a bird,
even if she were a spark hidden in a flint,
for you I would find Layla," he says.
But, oh, cruel destiny:
that heart in chains
considers such a victory a defeat!

De nuevo errante por el desierto
Machnún se entrega a sus poemas

Dicen que el cielo
en mar se ha convertido
en las tierras del Yemen
y que aquel valle verde
es cascada de aguas;
que hombres y rebaños
huyen a sus guaridas,
aunque brilló Canopus
anunciando cosechas de promesa.
Aquí, en mi corazón,
brilla un astro
que anuncia metamorfosis:
tras el monzón del alma
me tornaré poema.

Once Again, Wandering In The Desert,
Majnun Surrenders To His Poems

It is said that the sky
has turned itself into sea
in the lands of Yemen
and that the green valley
is a cascade of waters;
that men and herds
flee to their lairs,
even though Canopus shone
announcing harvests as a promise.
Here, in my heart,
a star that announces change
shines:
after the monsoon of the soul,
I will turn into a poem.

Aquí insiste en el mismo concepto

Mi cuerpo son mis versos,
negaré lo demás
pero nunca mi voz,
los paisajes que en su cauce recojo,
los perfumes y ríos
que hacia ella encamino, cristalinos.
Y yo mismo
de este modo en camino,
tintineo con los sonajeros
que desata el viento
en las aguas espejos mensajeros.
Viajero soy
que ha perdido el juicio
mas no deja la guía del corazón.
Llegaré hasta aquel paraíso,
aquella flor humana que es Layla;
hasta aquella luciente meta
llegaré,
ya cautiva
en el séptimo azogue,
en el octavo clima
donde mis venas corren.

Here, He Insists on the Same Concept

My verses are my body;
I will deny everything else
but never my voice,
the landscapes which I gather on its course,
the perfumes and the rivers
which I direct towards her, crystal clear.
And even I,
on the way, in the same manner,
jingle with the rattles
which the wind unleashes
in the waters, messenger mirrors.
I am a traveler
who has lost his mind,
but who does not let go of the heart as a guide.
I will get to that paradise,
that human flower which is Layla;
to that shining goal
I will arrive,
already captive
in the seventh quicksilver,
in the eighth climate
where my veins flow.

Sobre el padre de Machnún, que se
lanzó en su búsqueda para hacerle
entrar en razón

Por el desierto avanza,
y son días y noches ya sin fin,
y todo es vagaroso
—lo que a la luz es cauce,
de noche guerrero de tinieblas—,
hasta que ve a lo lejos
unos resplandores que
configuran esperanzas:
son las llamas del corazón de Machnún
que traspasan su pecho,
toman el horizonte.

About Majnun's Father, Who Went Searching for Him in Order to Instill Some Sense into Him

He advances through the desert,
among endless days and nights,
and everything is aimless
—that which is a riverbed in the light of day,
is a warrior of darkness at night—
until he sees far away
some glares which
prefigure hope:
they are the flames from Majnun's heart
which go through his chest;
they take over the horizon.

Lo que el joven dijo a su padre
negándose a seguirle

Ya no soy el que fui.
Llamas vivas
me abrasaron el cuerpo,
me ahogaron el alma
y no queda de mí ni la sombra,
apenas una voz en agonía
al servicio de las cuatro letras
que unidas dicen
el nombre de la noche.

What the Young Man Said to His Father, Refusing To Follow Him

I am no longer who I was.
Living flames
burnt my body;
they drowned my soul
and not even my shade is left,
barely a voice in agony
in service of the five letters
which together spell
the name of night.

Reflexión de Machnún al quedar de nuevo solo con sus bestias

Viviré de la nada,
de los trazos que mi mano
en la arena
figuran su rostro
y pronto el viento borra
y deja en nada;
de los versos que esa forma,
mansa como duna,
arranca a mis labios
y el desierto diluye
en el espacio
y deja en nada;
de las caricias de estos animales
cuyo mudo amor
sin huella en el alma
iguala a la nada;
y del mismo abismo
de ciego horizonte
al que yo me entrego
para abrazar la nada.

Majnun's Reflections Upon Remaining Once More Alone with His Beasts

I will live out of nothing,

out of the lines of her face

which my hand

traces on the sand

and which the wind soon erases

and leaves as nothing;

out of the verses which that form,

docile as a dune,

tears out of my lips

and which the desert dilutes

in space

and leaves as nothing;

out of the caresses from these animals

whose mute love

without a trace on the soul

equals nothingness;

and from the same abyss

of a blind horizon

to which I abandon myself

to embrace nothingness.

Fuera el corazón rosa de los vientos

Aquel Tawad
donde guardamos los rebaños,
cuyo camino una estrella señala
y las aves nocturnas cubren
con una red
de notas musicales;
aquel Tawad
que nuestra infancia cobijó
con claro firmamento,
lejos está, me dicen,
de estas tierras de Siria
y de aquéllas del Yemen
hasta las que en su búsqueda llegué.
Lejos está y en agonía yo,
que es hoy el horizonte
una línea borrosa
y en bruma se disipa
el celeste candil,
ocultando el sendero
de la felicidad,
la turquesa que brilla
en el sello de Dios.

Wish the Heart Were a Compass Rose

That Tawad
where we kept the flocks
whose way is pointed out by a star
and covered by the night birds
with a net
of musical notes;
that Tawad
which our childhood sheltered
with a clear firmament,
is far away, I am told,
from these lands of Syria
and from those of Yemen
in whose search I arrived.
It is far away and I am in agony,
for today the horizon
is a blurry line
and the celestial oil lamp
vanishes in a mist,
hiding the path
of happiness,
the turquoise that shines
on God's signet ring.

VII

Las bodas de Layla

VII

Layla's Wedding

Enterada que su padre la ha
comprometido con Ibn Salam, Layla
oculta sus suspiros y su llanto

Nadie será testigo de mi dolor,

los botones rojos de mi blusa

y el shalvar escarlata

borrarán mis lágrimas de sangre,

los zafiros con que mi frente ceñiré

diluirán la melancolía,

y en mis tobillos,

por distraer el ansia,

sonarán cascabeles

como mil puntos de sol

cabrilleando en el agua.

Así alborozo afectaré,

aunque se extiende en mis miembros

una muerte que abarca

la misma vastedad del desierto,

cuyas orillas

son las horas que limitan el día.

Informed That Her Father Has
   Engaged Her to Ibn Salam, Layla
   Conceals Her Sighs and Her Crying

No one will be a witness to my pain;

the red buttons on my blouse,

and the scarlet *shalvar*

will erase my tears of blood;

the sapphires which I will put on my forehead

will dilute the melancholy,

and on my ankles,

in order to cast away anxiety,

bells will jingle

like a thousand points of sunshine

glistening on the water.

Thus I will feign joy,

even though death, which embraces

the desert's very vastness,

whose edges

are the hours that limit the day,

unfolds over my limbs.

De cómo recibió el que vivía con las bestias la noticia de la boda de su amada

Desposada es Layla
y Machnún se abre al dolor.
En la negra tierra de su pecho
crecen árboles de pena.
Con su calor y con sus lágrimas
se llenan de hojas.

On How He Who Lived With The Beasts Received The News Of His Beloved's Marriage

Layla is married
and Majnun opens himself to grief.
In the black land of his chest
trees of sorrow grow.
With his warmth and his tears
they grow full of leaves.

Layla, desposada, evoca a Machnún y
se habla a sí misma

Vivo en la ausencia
y rescato en ella
la hermosura de mi amado.
Oigo su voz
en los silbos del viento;
me llegan sus dedos
en las hojas del olivo
que al paso me acaricia,
la frescura de sus labios
en las gotas de lluvia
que me ofrece una campánula.
Todo me da noticia de él.
Al alba me despierta con las aves,
al anochecer cierra mis ojos
cuando apaga la luz
con la oscura mano de las sombras.

Layla, Married, Recalls Majnun and Talks to Herself

I live amidst absence
and I retain in it
the beauty of my beloved.
I hear his voice
in the whistling wind;
his fingers reach me
through the leaves of the olive tree
which caresses me as I pass by,
the freshness of his lips
through the drops of rain
offered me by a bellflower.
Everything brings me news of him.
Dawn wakes me up with the birds;
nightfall closes my eyes
when it turns the light off
with the dark hand of shadows.

Lo que tiene siempre Layla delante de sus ojos

Inagotable espejismo
donde veo el desierto
en llamas,
en las llamas de amor
que se confunden
con el crepúsculo,
puerta del horizonte
de los sueños.
Y luego arde la arena
y es un lecho de fuego
que el anhelo codicia
para en él diluirse,
mas ni el oscurecido firmamento,
ni la gélida luz de la estrella
puede con el alma encendida,
ni la súbita lluvia
que raudales arranca
de la roca candente
con el alma
puede.

That Which Layla Always Has in Front of her Eyes

Never ending mirage
where I see the desert
in flames,
in the flames of love
that get confused
with dusk,
door to the horizon
of dreams.
And later the sand burns
and it is a bed of fire
which desire covets
to be diluted in it;
though neither the darkened firmament
nor the star's icy light
can subdue the passionate soul,
nor can the sudden rain,
which tears out torrents
from the incandescent rock,
quell
the soul.

Reproche del enamorado a un amigo
que fue a visitarle y quiso hallar
explicación a sus actos

Dos monedas falsas,
dos falsas monedas de amagura esgrimes:
separación y espera,
mas yo, que he borrado el espacio,
la distancia niego;
yo, que el tiempo he borrado,
niego la posibilidad de otro suceso;
en la desesperación pura
del abismo vivo
y en la plenitud del gozo
de ver lo que no es apariencia:
doquier acecha el rostro del amor.
Aquí está Layla
y aunque murieran todas las gacelas
Layla aquí seguiría,
en esta brisa vesperal
que es mi deleite.

Reproach from the Beloved to a Friend Who Went to Visit Him and Wanted To Find an Explanation for His Acts

Two fake coins,
you wield two false coins of bitterness:
separation and waiting;
but I, who have erased space,
deny the distance;
I, who have erased time,
deny the possibility of another happening;
I live in the pure desperation
of the abyss
and in the plenitude of joy
seeing what is not apparent:
the face of love lies in wait everywhere.
Here is Layla
and even if all the gazelles were to die,
Layla would still be here,
in this evening breeze
which is my delight.

Machnún contempla el cielo estrellado

Oh pastor de la noche,

di ¿qué sabes

de las primeras líneas

trazadas por el alba,

a dónde va la luna

cuando se funde

en la blancura del día,

do las estrella boreales

que entretejen guirnaldas

para ceñir el sueño de mi amada,

Casiopea

que cruza los espacios tenebrosos

como perfecto rayo,

y la constelación del Cisne

que rige con sus alas abiertas,

de una punta a otra, la cúpula celeste

en las altas horas del verano?

Oh pastor de la noche,

también yo estoy ahí,

oculto en ese orbe

brillante de tan rica pedrería;

dime que el día llega,

Majnun Gazes at the Starry Sky

Oh, shepherd of the night,
tell me, what do you know
of the first lines
drawn by dawn,
where does the moon go
when it merges
into the whiteness of day,
where do the northern stars
that weave garlands go
to surround the dream of my beloved,
Cassiopeia,
who crosses the dark spaces
like a perfect beam,
and the Swan constellation
which rules with its open wings,
from one end to the other, the celestial cupola
in the peak hours of summer?
Oh, shepherd of the night,
I, too, am there,
hidden in that orb
gleaming with rich precious stones;
tell me the day is coming,

que ya apunta la hora
del amanecer mío,
que impaciente aguardo
por ser sólo rocío
en las sienes de Layla,
y el albor de sus parpados.

that the hour of my dawn
breaks,
that I await impatiently
only to be the dew
on Layla's temples
and the pallor of her eyelids.

VIII

El encadenado

VIII

The Man in Chains

Esa gacela que te habla al oído, Machnún,
y esa pantera blanca
que hace la guardia a tu vacio
y ese zorro que tal llama
se desliza en torno a ti
marcando el linde de tu locura,
en mí se hallan;
el espacio de mi interior desierto habitan,
mi delirio custodian.

Here Layla Expresses How She Understands the Recent News That Arrives from the Desert

Majnun, that gazelle that speaks in your ear,
and that white panther
that keeps a watch over your desolation
and that fox which, like a flame,
slides around you
revealing the limits of your madness,
may be found in me;
they inhabit the space of my inner desert;
they watch over my delirium.

Lo que sucede cuando Machnún se
pone las cadenas de un esclavo y llega
como mendigo donde Layla mora

De la tienda más rica sale la joven
y el loco encadenado
a sus pies se derrumba
con un suspiro
que parte el cielo en dos mitades,
una falla que nace de la carne,
tierra o cuerpo de amor,
que manifiesta:
ella lo es todo,
yo no soy nada
y desaparezco.

About What Happens When Majnun
Puts on the Chains of a Slave and, as
a Beggar, Goes to where Layla Dwells

The young woman leaves the richest tent
and the madman in chains
collapses in front of her feet
with a sigh
that tears the sky in two,
a fault that is born of the flesh,
land or body of love,
that declares:
she is everything,
I am nothing
and I vanish.

Layla mira a aquel mendigo que
    Machnún es

Debajo del turbante
como dátiles,
dos ojos me ofrecen
y reclaman una vida.
No distraen la música ni el baile
la imposible transacción.
Guardo en mi corazón este paisaje.
Un palmeral se asienta en mí
en verde revoloteo de acogida.

Layla Looks at That Beggar Who Is
   Majnun

Under the turban,
like dates,
two eyes offer me
and demand a life.
Neither the music nor the dance distract me from
the impossible transaction.
I keep in my heart this landscape.
A palm grove settles down on me
in a green flutter of welcome.

Poema de la fiereza y firmeza de
Machnún al partir

Me asiré al vértigo
de amar a ciegas
y lo convertiré en mi escudo.
No quiero volver el rostro
suplicar una mirada.
Me saciaré en la fuente del secreto
para seguir sin que ella lo adivine
mi inquebrantable camino
hacia el vacío.

Poem about Majnun's Fierceness and Constancy upon His Departure

I will seize onto the vertigo
of loving blindly
and will turn it into my shield.
I do not want to turn my face,
beg for a glance.
I will quench my thirst in the fountain of secrets
in order to continue on, so that she does not guess
my unshakeable path
towards emptiness.

Al llegar al confín donde mora, dice
    Machnún este gazel

Su rostro

es lo oculto del poema

aire en el aire,

un reverbero,

de lo invisible, anuncio.

Su mano enciende

la corola de las rosas,

aviva su perfume:

fuego en el fuego.

Oferente de mi voz,

me inclino

y me confundo

con la humildad expectante

de las arenas,

su sosegado anhelo.

Upon Arriving to the Confines Where She Dwells, Majnun Says This *Ghazal*

Her face

is the hidden side of the poem,

air in the air,

I announce a reflection

of the invisible.

Her hand lights up

the corolla of roses;

it intensifies their perfume:

fire within fire.

An offering of my voice,

I bow

and I blend together,

with the expectant humility

of the sands,

her quiet desire.

Visión de Layla

Me entregó la copa del incienso
y a través del humo
vi un paisaje de lava desolada.
Para regarlo el llanto acudió a mí,
pero ya la noche de sus ojos
envolvía y aplacaba la aridez.
Fue tal la transparencia de su oscuridad
que me quedé dormida
un día entero junto a él.
En mis labios creció una palabra
que se unió a la suya.
Son una estrella errante
que sin fin surca los espacios.

Layla's Vision

He gave me the incense cup
and through the smoke
I saw a landscape of devastated lava.
In order to water it, tears came to me,
but already the night of his eyes
wrapped and appeased the dryness.
The transparency of his darkness was such
that I fell asleep
next to him for an entire day.
On my lips a word grew
that joined his.
They are a wandering star
that flies endlessly through space.

IX

La noche

IX
Night

Poema de la larga espera

Su palabra es la única luz
que cruza la soledad invencible
con que amurallo el sueño.
Me bastará un poema
y sabré que es Kays,
mi dulce encadenado
que loco se proclama
y que cadenas tensa
en torno al alma mía,
hablando con las rocas
y estrechándome en cerco de silencio.

Poem of the Long Wait

His word is the only light
that crosses the invincible solitude
with which I fortify my dreams.
A poem will suffice
and I will know that it is Kays,
my sweet beloved in chains
who proclaims himself mad
and who tautens the chains
around my soul,
talking with rocks
and embracing me in a ring of silence.

Al ver la cúpula celeste presa en las sombras, evoca Machnún a su amada

La noche ha iniciado mi disolución

y mis miembros

se esparcen en tinieblas.

¿Dónde se halla mi voz,

en qué lugar,

si en noche el cuerpo convertido

al firmamento cede

su materia

y, con los astros mudos,

los pájaros nevados por la luna

signos son del silencio?

Mas, ¡oh auxilio del nombre de mi amada,

que en éter me permite

llegar hasta su sueño!

A sus dormidos labios

robo resurrección.

Y ya se anuncia el sol

dando sangre a la sal

y a las arenas corazón de fuego.

Upon Seeing the Celestial Dome
Imprisoned in the Shadows, Majnun
Recalls His Beloved

Nighttime has begun my dissolution

and my limbs

are scattered in the darkness.

Where is my voice,

in what place,

if the body turned into night

yields its matter

to the firmament

and, with mute stars,

the birds snowed upon by the moon,

are they a sign of silence?

But, oh, the help of my beloved's name,

which in ether allows me

to get to her dream!

From her sleepy lips

I steal resurrection.

And the sun announces itself

giving blood to salt

and, to the sands, a heart of fire.

Versos que unidos a suspiros exhaló
  Machnún, tras lo cual envió a Layla
  una carta

No hay río que detenga
la caravana alada
donde van mis secretos
a entregarse a los aires;
que me muero de amor
y no alcanzo su boca.

Majnun Exhaled Verses along with Sighs, after Which He Sent a Letter to Layla

—135—

There is no river that can stop

the winged caravan

where my secrets go

to give themselves up to the airs;

for I die of love

and I cannot reach her mouth.

Poema de Layla al recibir la carta y de
las palabras que ella dijo

Layla duerme
reclinada la cabeza
en las palabras de Machnún
que la envuelven como
incienso:
"oscura es mi tez
pero resplandece
porque tú me ocupas".
Todo se dispone al equilibrio.
Dos aves quietas en el alfeizar
aguardan a que ella
escriba la respuesta.

*

(las palabras)
Los rubíes que arrancó
de mi corazón su carta
son el lacre
que sellará la mía.

Layla's Poem upon Receiving the Letter and the Words She Said

Layla sleeps,
her head leaning
on Majnun's words
that wrap her like
incense:
"my skin is dark,
but it shines
because you occupy me."
Everything is set for balance.
Two birds, still on the windowsill,
wait for her
to write the answer.

*

(the words)
The rubies which his letter
tore from my heart
are the wax
that will seal mine.

Llora Machnún una gacela muerta

Quien eres tú, yo soy,
y así en ramas y tierra
mi muerte oculto.
Y a quien oculto dentro, nombro
invocando la noche
que en su interior está
—espejo de la luz,
para el mundo, invisible,
que conocen tus ojos, ya cegados—.
Quien eres tú, yo soy.
Ataúd es mi pecho,
que te acoge
 y juntos proseguimos,
mientras el viento las dunas se lleva,
en esta hora en que el pájaro gris
se duerme en Jalhatân.

Majnun Cries for a Dead Gazelle

Who you are, I am,
and this way among branches and earth
I hide my death.
And I name her whom I hide inside,
invoking the night
which is within her
—mirror of light,
for the world, invisible,
which your eyes, now blind, know.
Who you are, I am.
My chest is a coffin
that welcomes you
and together we go on,
while the wind carries away the dunes,
in this hour in which the grey bird
sleeps in Jalhatân.

Avanzada la hora observa Machnún un
pájaro que no se ha recogido

De noche el ave
en el escueto oasis
dormida tantea
una y otra rama,
y cae
o acaso busca
la arena,
de su ardor liberada
para alcanzar el sueño.
Implacable es el silencio
que la cúpula impone
a nuestros parpados,
mientras los montes,
centinelas violáceos,
fulguran
como sombras del no mundo.
Sombra de amor
ilumina la caverna de mi pecho
y huye por mis ojos
para ocupar el paisaje.

At a Late Hour Majnun Watches a Bird Which Has Not Retired

At night the bird
in the compact oasis,
asleep, feels
this branch and then another,
and it falls,
or perhaps looks for,
the sand,
freed from its passion
in order to fall asleep.
The silence,
which the dome imposes
on our eyelids, is relentless,
while the hills,
violet sentries,
shine
like shadows of the non-world.
Shadow of love,
light up the cave of my chest
and flee through my eyes
to occupy the landscape.

Por tal tránsito cegado,
caigo en la arena
como aquel ave,
desmadejado.

Blinded by such movement,
I fall on the sand
like that bird,
exhausted.

De cómo la brisa nocturna, mensajera
silenciosa de los enamorados, salva
todas las distancias

Duerme Machnún en insuave lecho
y un suspiro de Layla
llevado por la brisa
arranca de la selva amorosa una flor
y en el umbral cerrado de sus parpados,
sutil, la deposita.
¿Qué perfume se adueña de sus sueños
que enciende de tal modo su figura?
En la interior orilla, vehemente,
lo inmarcesible del amor susurra.

On How the Night Breeze, Silent Messenger for Lovers, Conquers All Distances

Majnun sleeps on an uncomfortable bed
and one of Layla's sighs
carried by the breeze
pulls up a flower from the forest of love
and deposits it subtly
on the closed threshold of his eyelids.
What perfume, which stirs up her figure in such
  a way,
overtakes his dreams?
In the interior shore, passionate,
everlasting love whispers.

Gazel que dijo Layla al oir nuevos
poemas de Machnún

Aunque procede del desierto
su voz, aguas y pastos lleva,
y las flores distintas,
aves multicolores,
templos de cúpulas doradas,
palacios de alicatados muros
en filigrana azul
que se extiende hasta el infinito.

Ghazal Told by Layla upon Hearing
Majnun's New Poems

Even though his voice comes from the desert,
it carries along water and grass,
and different flowers,
multicolored birds,
temples with golden domes,
palaces with tiled walls
in blue filigree
which stretches all the way to infinity.

X

El ascenso

X

The Ascent

Layla recuerda las velas a cuya luz vio
en una ocasión el rostro de Machnún
y una noche clara en que pasó bajo su
ventana

En la negrura de mi alcoba
ansío la luz de las velas.
¡Enciéndelas, corazón!
en tanto una quietud de muerte
recubre este cuerpo.
Cuanto más me adentro en mi propia caverna
más la luz olvido
por entregarme a la que es ya mi morada.
Un día, acaso,
una ventana se abrirá
y veré la oscuridad exterior.
En el firmamento,
el perro del cielo brillará en azul.
Las Pléyades musitarán su riente ligereza,
Aldebarán su rosáceo fulgor emitirá,
será tan clara la noche
como aquélla en que Machnún
pasó debajo del mirador en voladizo
de mi ventana.

Layla Remembers the Candles under
    Whose Light She Once Saw Majnun's
    Face and a Clear Night When He
    Passed under Her Window

In the darkness of my room
I long for the light of candles.
Light them up, heart of mine!
while a deathly stillness
covers this body.
The deeper I go into my own cave
the more I forget light,
so as to surrender to what is already my dwelling.
One day, perhaps,
a window will open
and I will see the darkness outside.
In the firmament,
the dog in the heavens will shine in blue.
The Pleiades will whisper their laughing speed;
Aldebaran will emit its pinkish glow;
the night will be as clear
as the one when Majnun
passed under the projecting balcony
of my window.

Aquí habla el poeta de cómo el amigo
de Machnún le anuncia la muerte de
Ibn Salam y del viaje emprendido por
Layla

Cuando la estrella de la risa
aflora en el anochecido rostro de Machnún
al oír de los labios de Zeid la noticia,
monta Layla sobre una camella
y emprende hacia él el camino.
No es amarga la distancia
puesto que de esperanza es la medida;
amigas son las arenas
que le prestan
la fuerza del espejismo;
dulce es la sal del desierto
que la alimenta
a través de la dunas.

Here the Poet Talks about how
Majnun's Friend Informs Him of Ibn
Salam's Death and about the Trip
Undertaken by Layla

When the star of laughter

appears on Majnun's somber face

upon hearing the news from Zeid's lips,

Layla gets on a camel

and undertakes her way towards him.

The distance is not bitter,

since the measure is about hope;

the sands are friends

that endow her

with the strength of the mirage;

sweet is the salt of the desert

that feeds her

through the dunes.

De Layla a una voz luminosa que en sueños oyó

¿Quién es el ángel
que al alba me saluda,
la voz azul
que se derrama por mis venas,
abre las puertas de la vida
y del paraíso,
de ese paraíso
que no es más que la vida,
que no es más
que el jardín invisible
de la vida?
¿Quién es aquél
cuyo canto,
el universo
en vuelo
condensa
y con levedad de ala
anuncia
la perfecta desnudez de los sentidos,
el puro fluir
del hontanar de amor?

From Layla to a Luminous Voice She Heard in Her Dreams

Who is the angel
who greets me at dawn,
the blue voice
that spills over my veins,
opens the doors of life
and paradise,
that paradise
which is nothing more than life,
which is nothing more
than the invisible garden
of life?
Who is he
whose song
the universe
condenses
flying
and with the lightness of a wing
announces
the perfect nakedness of the senses,
the pure flowing
of love's spring?

XI

La unión

XI

The Union

El poeta medita sobre los
acontecimientos sucedidos hasta
ahora

No es espejismo la belleza
que sostiene el amor en el desierto.
Si en el vacio la despliegan los ojos,
dentro del alma anida
como ameno paraje de verdor
que se extiende
invadiendo mullido el cuerpo entero
y desata la fuente purísima
donde bebe la ausencia
tornando en acto
la posibilidad absoluta.

The Poet Meditates over the Events
That Have Taken Place until Now

The beauty that holds love in the desert
is not a mirage.
If in the vacuum the eyes spread it,
within the soul it nests
like a pleasant verdant site
that radiates,
softly invading the entire body
and releases the purest fountain
where it drinks absence
turning into act
the absolute possibility.

Gazel de Layla al llegar donde
    Machnún está

Mi loco amor me huye,
corre hacia ti
como una tempestad de arena.
Como la lluvia del monzón
llena, mi loco amor,
de ríos el desierto.
Mi loco amor se adentra
en las tierras estériles,
hace crecer en ellas la flor
que dura un solo instante.
Acógelo, Machnún,
es el instante
en que estamos suspensos
para siempre.

Layla's *Ghazal* upon Arriving Where Majnun Is

My crazy love flees from me;
it runs toward you
like a sandstorm.
Like the monsoon rain,
my crazy love fills
the desert with rivers.
My crazy love goes deep
into barren lands;
in them it grows the flower
that lasts only an instant.
Welcome it, Majnun;
it is the instant
in which we are suspended
forever.

Las palabras de Machnún

Apártate, amada,
no distraigas
la imagen de ti que cobijo
contra todo huracán
para que crezca en mi centro
y con él forme el uno.
Cegados sean los ojos de la carne
y fecunde la lluvia,
del alma, las cristalinas aguas.

Majnun's Words

Step aside, my love,
do not disturb
the image of yours that I shelter
against all hurricanes,
so that it grows in my core
and, along with it, turns it into one.
May the eyes of the flesh be blinded
and may the rain replenish
the crystal-clear waters of the soul.

Poema del kashf o desvelamiento

Si en ti moro
vano es mi cuerpo.
Pase a tus labios
la rosa viva
que en los míos crece
y a ellos incorpore su fuego
y que se confundan
mis cenizas con la nada.

Poem of the *Kashf* or Revelation

If I dwell in you,
my body is useless.
May the living rose
that grows on my lips
pass on to yours
and may it incorporate its fire into them
and may my ashes coalesce
with nothingness.

Layla, al presentir su fin, ve ante sus ojos la primera mirada de Machnún

Me miró
y se pobló de estrellas
mi corazón,
y sobre el fuego de la sangre
se elevó el firmamento.
En el punto más alto de la noche
la luna sostenía el nadir
de los destellos.
Redondo era el orbe del amor
y el sol, oculto,
desvelaba su eterna incandescencia.

Layla, Upon Sensing Her End, Sees in Front of Her Eyes Majnun's First Look

He looked at me
and my heart
was filled with stars,
and over the blood's fire
the heavens soared.
At the highest point of the night
the moon held the nadir
of flashes.
The orb of love was round
and the sun, hidden,
revealed its eternal incandescence.

En sus últimos momentos reconoce
    Layla que el amor es mihrab del más
    allá

Tu paraíso-corazón,

granada inmóvil,

ópalo encendido,

a la puerta de los destellos

me conduce.

Un halo de armonía

se desdobla en el umbral.

Desde su levedad,

el oro y los siete esplendores

en remolino me acometen.

Prenden el fuego interior

replegando las sombras.

Y penetro

como un ave

en la blancura.

On Her Final Moments Layla Acknowledges That Love Is the *Mihrab* of Afterlife

Your paradise-heart,

still pomegranate,

lit opal,

drives me

to the door of sparkles.

A halo of harmony

unfolds on the threshold.

From its lightness,

gold and the seven splendors

attack me in a whirlwind.

They light the interior fire,

folding the shadows.

And, like a bird,

I penetrate

 whiteness.

Reflexión del poeta

Una escala se extiende
—hacia lo inalcanzable—,
que define la luz,
mas con letras candentes
graba en el corazón la sombra
del Ser no visto.

The Poet's Reflections

A ladder extends
—towards the unattainable—
which defines light,
but with burning letters
it engraves on the heart the shadow
of the unseen Being.

Antes de expirar sobre la tumba de su
amada, dice Machnún este último
poema

Tierra en la tierra es Layla
y en la nada acrece su hermosura.
Ser nada con la nada
es mi designio.
La senda de la muerte
nos une en teofanía.

Prior to Expiring over the Grave of His Beloved, Majnun Says This Final Poem

Layla is earth unto earth
and within nothingness her beauty accrues.
My design is
to be nothing with nothingness.
The path toward death
unites us in theophany.

XII

El final de la palabra

XII

The End of the Word

Y el corazón del enamorado conoció su
aurora

Allí quedó Machnún,
escoltado por su cortejo de animales,
hasta que sólo huesos
y luego sólo polvo fue.
Y fue así uno
con la tierra que Layla había sido.
Y al punto destelló la tierra
tal ópalo de fuego
y las bestias
se dispersaron
para mostrar
aquel prodigio.

And the Heart of the Beloved Met Its Dawn

Majnun remained there
escorted by his animal cortège,
until he turned into bones
and then into dust.
And thus he became one,
with the earth that Layla had once been.
And at that time, the earth sparkled
like an opal of fire
and the beasts
dispersed
to display
that wonder.

El poeta pone punto final a lo escrito

Yo peregrina del amor,
quiero besar la piedra de su tumba
y con el beso llenarme
de la ciencia que el tiempo
hurta a mis días.
Quiero besar su losa
en comunión de aire,
yo, que rodeada
de esas bestias salvajes
que son las palabras,
en soledad vivo
y en desierto de hielo,
aguardando un único viático:
el agua pura
de la voz del arcángel,
que es mi alimento.

The Poet Puts the Final Note on What Is Written

I, a pilgrim of love,
want to kiss the stone of its grave,
and with that kiss become full
of the science which time
steals from my days.
I want to kiss its gravestone
in communion with air,
I, who surrounded
by those wild beasts
which are words,
live in solitude
and in an ice desert,
awaiting for the only viaticum:
the pure water
of the archangel's voice,
which is my sustenance.

Coda

Y ahora beso el libro
que aquí concluye
ya que también la página
amor encierra
y en la página
a mí misma me encierro,
y con ella, tal sudario,
me visto,
para luego
avanzar
hacia el silencio.

Coda

And now I kiss the book
which ends here,
for the page also
holds love
and inside the page
I shut myself,
and with it, like with a shroud,
I clothe myself,
so as to advance
later
toward silence.

Made in the USA
Columbia, SC
30 May 2017